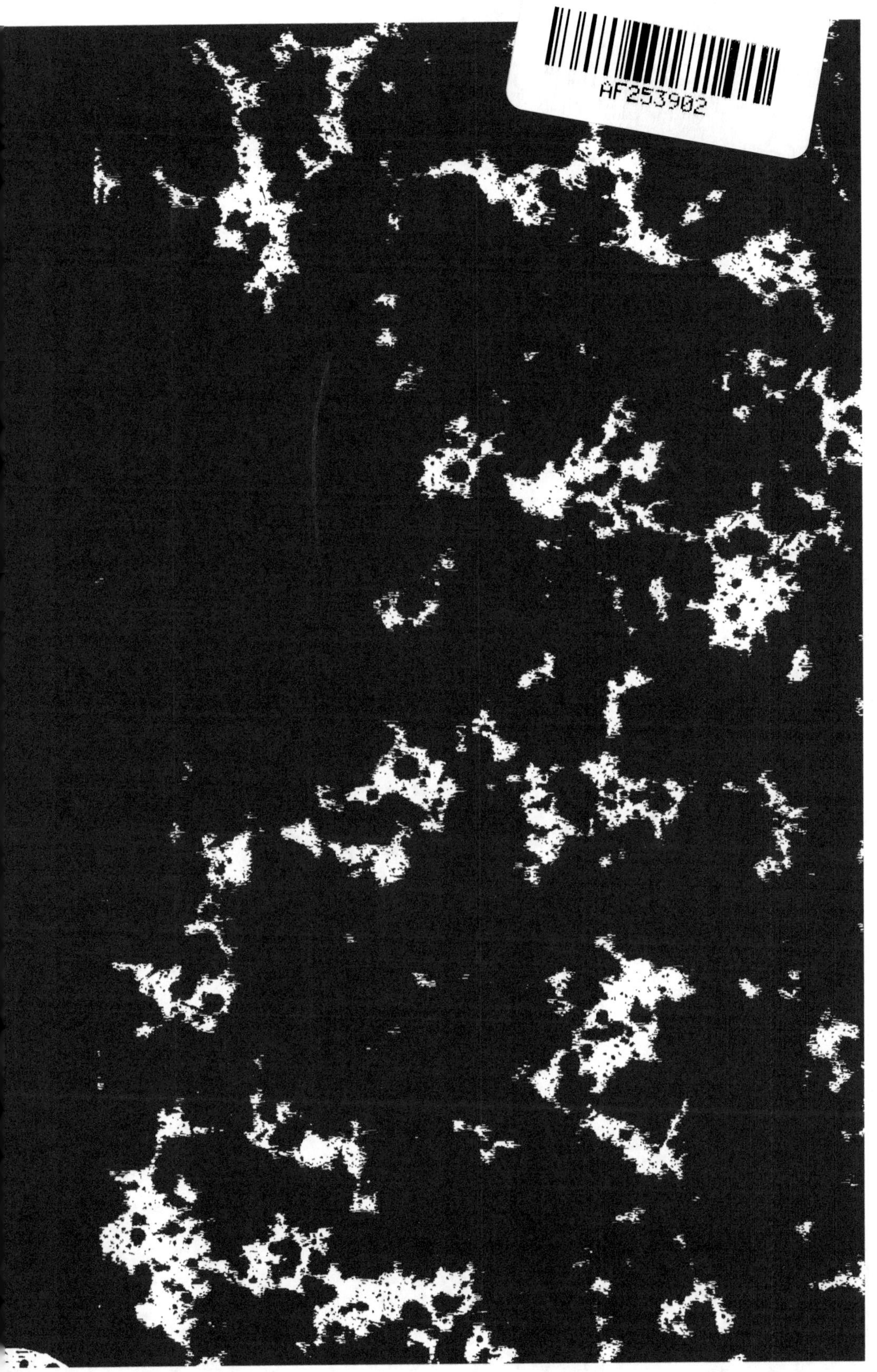
AF253902

VUES GÉNÉRALES

SUR

LES MOYENS D'UTILISER

LES DÉFENSEURS DE LA PATRIE

INVALIDES.

PAR LE C. ANDRÉ CANOLLE, membre du Lycée des Sciences et des Arts de Poitiers.

Occupons les hommes, nous les conserverons bons, ou nous les rendrons meilleurs.

A PARIS,

Chez DEROY, Libraire, rue Hautefeuille, n°. 34; et chez les Marchands de Nouveautés.

AN VI — 1798.

AVANT-PROPOS.

Utiliser les hommes, c'est s'occuper du plus grand intérêt de la société. Améliorer leur sort en les utilisant, c'est remplir le vœu le plus cher de l'humanité. S'intéresser aux infortunés qui ont tant de droits à notre sensibilité par les peines qu'ils ont endurées, et à notre reconnaissance par les services signalés qu'ils nous ont rendus, c'est, je crois, seconder le Gouvernement dans ses projets de bienfaisance. Tous ces puissans motifs m'engagent à rendre publiques les réflexions que m'ont inspiré la vue et le sort des défenseurs de la Patrie, que la mort a respectés au milieu des horreurs des combats, mais qui attestent par des cicatrices et des mutilations honorables, le courage avec lequel ils ont combattu pour elle. Puissent mes vues fixer sur les infortunés pour lesquels j'écris, l'attention des hommes plus instruits ! mes vœux seront remplis, si leurs conseils peuvent améliorer leur sort par le bienfait du travail et de l'industrie.

TABLE DES CHAPITRES.

VUES

VUES GÉNÉRALES

SUR

LES MOYENS D'UTILISER

LES DÉFENSEURS DE LA PATRIE

INVALIDES.

CHAPITRE PREMIER.

Nécessité d'utiliser les défenseurs de la Patrie invalides.

LE malheur porte avec lui un caractère sacré qui le rend par-tout recommandable; sa voix retentit sur-tout dans le cœur de l'homme sensible; elle le porte à la générosité et à la bienfaisance. Être touché des peines d'autrui, est un des plus beaux caractères de l'homme en société; la civilisation, qui étouffe ou qui pervertit tant de sentimens, développe le plus précieux de tous; celui qui supplée, qui balance la perte de tant d'autres qui sont si néces-

A

saires. En devenant accessible au malheur, l'homme a découvert le plus efficace remède à ses peines, la sensibilité. Oui, sans la sensibilité, sans les plaisirs qu'elle procure, sans ceux qu'elle assaisonne, le commerce des hommes serait odieux. Voyez l'égoïste, il est seul dans l'univers. La sensibilité seule peut réparer les injustices de la fortune, et les rigueurs des peines que toute la prévoyance humaine ne saurait empêcher, et qui sont souvent la suite de notre organisation, ou le résultat de nos institutions. C'est cette douce sensibilité qui fait braver les cris de la douleur et l'aspect rebutant de la maladie, pour appaiser leurs fureurs. Elle nous fait verser des larmes à la vue des malheureux, et elle nous fait tendre vers eux une main secourable. Elle nous porte dans les prisons, dans les hôpitaux, dans tous les asyles du malheur, pour y répandre des bienfaits, ou pour y verser des consolations. Elle enflamma les cœurs des Lascasas, des Penn, des Howard, et les rendit les plus grands bienfaiteurs du genre humain. Quelquefois elle fait oublier ce que l'on doit à sa propre conservation, et elle se transforme en véritable dévouement à la cause de l'humanité. Voyez le vertueux Belzunce au milieu des pestiférés de Marseille ; voyez le jeune Brunswic se précipitant, se noyant dans l'Oder, en voulant sauver des malheureux que les eaux allaient engloutir.

Si cette précieuse sensibilité vient indistinctement nous parler de tous les malheureux en général, avec quelle force, avec quelle éloquence ne doit-elle pas plaider la cause de l'infortuné que le malheur vient d'atteindre en se sacrifiant pour nous ! Alors la reconnaissance s'unit à la sensibilité ; alors le cœur se fait un devoir de ses inspirations. L'ingrat qui oublie ce premier devoir, l'ingrat qui ferme son cœur et sa main au spectacle du malheur dont il est la cause, est le plus vil des êtres. Les malheurs de l'ingrat sont les seuls qui devraient être étrangers à la sensibilité ; mais toujours humain, toujours bienfaisant, le cœur sensible, comme la Divinité, aime à aggraver les torts qu'on a envers lui, en se montrant toujours plus généreux. Pour le bonheur des sociétés, et en dépit de l'ingratitude, il existe des hommes pour qui la bienfaisance est le plus impérieux des besoins.

Les loix qui régissent les sociétés, sont ordinairement calquées sur celles qui dirigent le cœur de l'homme ; aussi la plupart

des gouvernemens consacrent des établissemens de bienfaisance ; tous dressent des
temples à l'humanité. Ici, ce sont des asyles
ouverts à l'indigence dédaignée, à l'enfance
abandonnée, à la vieillesse délaissée, à
l'amour abusé. Là, sont accueillies avec at-
tendrissement les maladies du corps et celles
de l'esprit, qui ne sont pas moins redouta-
bles. Hommes, enfans, vieillards de tout
sexe, de tout pays, de toute croyance, y
sont indistinctement reçus ; le titre du malheur suffit seul pour être admis dans le tem-
ple de l'humanité. Oui, lorsque dans nos
institutions la sensibilité est écoutée, alors
le malheur est honoré, et la bienfaisance
encouragée. Elle a fait briser à Alger, à
Tunis, les fers de plusieurs milliers de cap-
tifs. Elle a plaidé avec éclat la cause de l'humanité outragée dans la personne des nè-
gres, et à l'assemblée constituante de France,
et au congrès des États-Unis d'Amérique, et
même à la barre du parlement d'Angleterre.
Elle a obtenu l'abolition de la question, de
la torture, et elle s'occupe aujourd'hui de
la destruction du tribunal odieux de l'inqui-
sition. Des religions philanthropiques ont consacré ce beau sentiment par des institutions
qui ont pour objet le soulagement et les con-

solations de tous les infortunés. Il est doux d'avoir à parler des hommes, lorsqu'en les citant, on peut s'enorgueillir d'appartenir à leur espèce.

Si tous les gouvernemens se passionnent ainsi pour la cause du malheur, combien doit être sacrée pour un gouvernement humain et juste, celle des infortunés dont les malheurs attestent leur courage à le servir, leur zèle à le faire triompher, et leur dévouement à le rendre respectable ! Illustres victimes des haines nationales et des dissentions politiques, si vos malheurs vous rendent intéressantes aux yeux de tout homme accessible à la pitié, combien vous devez être chères à ceux qui vous doivent leurs triomphes et leur célébrité ! leur gloire est votre ouvrage, et vos malheurs feraient leur supplice, s'il ne leur était donné de vous les faire oublier.

L'oisiveté est le vice dominant de tous nos grands établissemens ; nous réunissons les hommes pour subvenir à leurs besoins, à leur santé, et nous les laissons en proie au fléau dévastateur de la société, à l'oisiveté. Occupons les hommes, nous les conserverons bons, ou nous les rendrons meilleurs. Que le soldat, à qui l'âge ou les infirmités interdisent le service militaire, se conserve dans la précieuse habitude du travail, qu'il la reprenne s'il l'a perdue, qu'il la contracte s'il ne la connaît pas encore ; sa santé, sa moralité, exigent cette mesure salutaire.

La plupart de nos soldats mutilés sont à la fleur de l'âge. L'enthousiasme de la liberté, des mesures forcées ou commandées par l'urgence des dangers leur avaient mis les armes à la main, lorsqu'à peine ils commençaient à déployer la vigueur de leurs membres, soit aux travaux de l'agriculture, soit au manuel de l'industrie. Et quelle serait la condition de tous ces infortunés, si à la faveur d'un travail peu fatigant, calqué sur la nature de leurs infirmités et sur celle de leurs forces, ils ne s'arrachaient aux dangers inséparables de l'oisiveté, et s'il ne leur était permis de jouir des douceurs de la vie auxquelles leur donnent tant de droits, et les services qu'ils ont déjà rendus, et les travaux utiles auxquels ils peuvent se livrer encore !

On sera peu surpris du nombre des mutilés qui peuplent nos maisons d'invalides, si l'on fait attention à la valeur française et à l'acharnement de nos ennemis. Nous ne sommes plus à ces siècles d'ignorance et de barbarie, où un peuple entouré d'un grand nom, et précédé d'une haute renommée, se précipitait comme un torrent sur les campagnes qu'il voulait dévaster ; et là, profitant de la terreur qu'il avait répandue, de la faiblesse et de la pusillanimité de ses ennemis, il tombait sur eux, comme des loups affamés sur un troupeau de timides moutons, et en faisait un horrible carnage. Ces féroces vainqueurs ne moissonnèrent jamais les lauriers de la gloire, ils cueillirent plutôt les tristes cyprès de la mort ; pour eux, les combats furent de véritables boucheries, et les victoires des assassinats. Depuis que l'Europe éclairée a fait de la guerre un art qui a ses principes, les batailles ont cessé d'être si cruelles ; et au milieu de toutes les horreurs qui les accompagnent, l'humanité compte avec délices toutes les pertes qu'elle ne fait pas, et que les sciences semblent lui épargner. Mais, lorsque la valeur de celui qui attaque égale le courage de celui qui se défend, de cette lutte honorable pour les deux partis résulte une égale résistance à la mort, trop souvent évitée au prix des mutilations les plus graves.

La perfection de la chirurgie a aussi contribué à multiplier le nombre des mutilés ;

en disputant des victimes à la mort, cette science ne les retient souvent à la vie que par le sacrifice nécessaire de quelque membre qu'elle est obligée de lui abandonner comme pour appaiser ses fureurs. Ainsi dans certaines religions anciennes, pour sauver tout un peuple, on immolait aux dieux infernaux la plus malheureuse, la plus innocente victime.

CHAPITRE II.

Possibilité de les utiliser.

L'INTÉRÊT du gouvernement, la santé, la moralité des sujets mutilés, exigent que la portion d'industrie dont ils sont doués, et qu'ils peuvent encore appliquer au bénéfice de la société, ne soit pas perdue pour elle et pour eux. L'Etat, qui pourvoit à leurs besoins, a le droit de disposer de leur temps, de leurs mains, et de les faire tourner au profit de tous.

Le Gouvernement pourra d'abord répandre les Invalides ouvriers ou artistes dans les différens ateliers qui sont à sa disposition, et dont les ouvrages sont appliqués à ses propres besoins. Ces ouvriers seront placés de préférence, et leurs travaux seront proportionnés à leurs forces, ainsi qu'à l'espèce de mutilation dont ils sont affligés. Sous ce point de vue, le Gouvernement offre un vaste champ à l'industrie. Il a à sa disposition des arsenaux, des ateliers, des manufactures, des chantiers, qui réclament des bras; et ceux que je lui offre, quoiqu'appartenant à des sujets mutilés, ne peuvent pas moins lui rendre des services réels.

Je n'exposerai point ici les différens travaux manuels qu'exigent les besoins du Gouvernement; mais je puis avancer, sans craindre de me tromper, qu'ils embrassent la presque totalité de ceux qui sont du ressort de l'industrie humaine. Ainsi, dans les arsenaux de la marine, se trouvent les nombreuses classes d'ouvriers qui travaillent sur les pierres, sur le fer, sur le bois, sur le chanvre, sur les toiles, &c. &c. En outre, le Gouvernement a des ateliers particuliers pour la fabrication des canons, des armes, pour celle des poudres, des salpêtres, des ancres, des monnaies, des habits, &c. Il entretient à ses frais des manufactures de porcelaines, de glaces, de tapisseries, d'horlogeries, des imprimeries, &c. A tous ces établissemens nationaux, ne pourrait-on pas attacher des compagnies plus ou moins nombreuses d'ouvriers pris parmi ceux qui se trouvent dans la classe des invalides? Ces ouvriers seraient choisis parmi ceux qui connaîtraient déjà quelqu'une de ces professions, ou qui auraient appris un des états relatifs à quelques-uns des travaux propres à ces établissemens. Ainsi, un dessinateur, un potier, invalides, pourraient être attachés au service d'une manufacture de porcelaine. Un tailleur, un cordonnier qui auraient perdu une jambe, pourraient être utilement employés aux établissemens consacrés à l'habillement, à la chaussure des troupes, &c. &c. Tous ces ouvriers seraient payés d'après le travail qu'ils feraient; et le Gouvernement, dût-il ne rien gagner sur l'emploi de leur temps, je trouve qu'il serait toujours amplement dédommagé en utilisant des hommes précieux, auxquels il doit de la reconnaissance.

Cette classe d'invalides ouvriers est plus nombreuse aujourd'hui qu'elle ne l'a jamais été; les hommes de tous les états avaient déserté leurs ateliers pour prendre les armes. Plusieurs d'entr'eux ont succombé dans les

combats, ou bien ils y ont reçu des mutilations qui leur rendent impossible leur première profession, ou qui en rendent le manuel plus lent et plus pénible. L'indulgence
seule peut accueillir ces estimables ouvriers ;
le simple particulier les rejettera, son intérêt l'ordonne ; mais le Gouvernement doit
les admettre dans ses ateliers, la reconnaissance l'exige.

Le sort des invalides, qui n'ont pas de
profession particulière, fixera aussi mon attention. Le Gouvernement peut les utiliser
et les destiner à des travaux faciles qui, en
les arrachant aux dangers de l'oisiveté, leur
faciliteront les moyens d'acquérir, par l'emploi de leur temps, ou par l'application de
leurs mains, un bénéfice honnête.

Les chapitres qui suivent seront consacrés
au développement des idées que je viens
d'énoncer.

CHAPITRE III.

Des Invalides en général.

Le soldat qui a vieilli dans les camps, parmi les pénibles, mais salutaires exercices de la vie militaire, parcourt, grace aux habitudes actives qu'il a contractées, une vieillesse presque exempte d'infirmités. La propreté, la frugalité le rendent étranger aux maladies que les vices contraires traînent après eux.

Il est peu de spectacles qui aient plus agréablement affecté mon cœur que la vue des vieillards vénérables qui habitent à Paris la maison des Invalides. Tandis que la foule admirait son dôme et ses peintures, mes yeux fixés attentivement sur ces guerriers que le fer ennemi a respectés, portaient dans mon ame tout le charme de la sensibilité, et quelque chose de cette majesté inséparable de leur caractère. La blancheur de leurs cheveux, la propreté de leurs habits, les sentences qui échappent de leurs bouches, leurs joies tranquilles, leurs cicatrices, ce reste de vigueur qui les anime encore, annoncent l'énergie de celle qu'ils viennent de consacrer à la défense de l'État, et cette noble fierté qu'inspire le sentiment des vertus guerrières.

« Quel spectacle, dit Montesquieu, de voir assemblées dans un même lieu toutes les victimes de la Patrie, qui ne respirent que pour la défendre, et qui, se sentant le même cœur, et non pas la même force, ne se plaignent que de l'impuissance où elles sont de se sacrifier encore pour elle ».

Cette classe d'Invalides peut encore rendre à l'Etat des services essentiels, qui, en les arrachant à une dangereuse oisiveté, leur donneront encore de quoi fournir aux dépenses nécessaires à une existence commode et aisée. Je vais considérer ces individus comme avancés en âge, mais conservant encore assez de vigueur, assez de forces pour pourvoir à une surveillance active. Je range dans cette classe ces vieillards robustes, qui, grace à la vie frugale et retenue qu'ils ont menée, conservent encore de précieux restes de leur première vigueur. Cette classe de vieillards est très-nombreuse parmi les militaires, et la destination à laquelle je les consacre pourrait être pour eux des retraites tranquilles, dans lesquelles, par les

influences du genre de vie le plus analogu
à leurs goûts, ils pourraient couler la viei
lesse la plus heureuse.

Je voudrais qu'on choisît parmi ces res
pectables vétérans les gardes des forêts na
tionales : la surveillance dont ils ont fait pr
fession, et dont ils ont contracté l'habitude
les rendrait très-propres à cette destinatior
Elle serait de leur goût ; car elle secondera
l'inclination que le vieux militaire contract
si volontiers pour les promenades champé
tres, pour la chasse, et sur-tout pour l
solitude. Après avoir été long-temps empor
tée dans le tourbillon d'une société bruyant
et tumultueuse, l'ame cherche à se recuei
lir. On dirait qu'avant de mourir, l'homm
aime à se contempler et à jouir du doux spe
tacle des affections de son cœur.

La mesure que je propose ici n'est pa
nouvelle : elle est déjà adoptée dans plusieur
départemens, et il serait possible de la géné
raliser encore. Combien, par ce moyen, n
pourrait-on pas utiliser de respectables vé
térans. Nos forêts nationales seraient de
retraites paisibles, où ils pourraient conti
nuer à se rendre utiles. Là, au sein de l
nature, au milieu de la paix des campagnes
et dans le silence de leur cœur, ils jouiraien

de la tranquillité et du bonheur auxquels leurs services leur donnent tant de droits.

Ne pourrait-on pas encore tirer de cette précieuse classe d'hommes, les gardes champêtres exigés par la loi, pour la sûreté des campagnes. Il en faut au moins deux par commune ; qu'on juge par-là du nombre que cette seule destination pourrait employer. Chaque vétéran pourrait être désigné pour le lieu de sa naissance. Là, au sein de sa famille, il continuerait une surveillance active qui tournerait à son profit et à celui de ses concitoyens. J'aimerais voir dans les campagnes ces braves militaires, après avoir consacré à la défense de la société entière la plus grande partie de leur vie, se dévouer sur la fin de leurs jours à la sûreté particulière de cette portion de terre qui les a vu naître, et dans laquelle ils desirent que leurs cendres reposent. Cet hommage à la nature, à la patrie est dans tous les cœurs, et un Gouvernement ami de l'une et de l'autre ne doit-il pas le favoriser dans ceux qui ont les plus grands droits à ses faveurs ?

Je desirerais qu'on affectât aux vétérans à qui des infirmités plus graves interdisent des occupations plus rudes, des travaux plus pénibles, le soin d'ouvrir et de fermer les portes des villes. Cette occupation tranquille leur laisserait pour le jour les loisirs du plus doux repos, et leur assurerait pour la nuit les momens du plus paisible sommeil. Que le génie de l'architecture place sur les portes de nos cités les monumens, les inscriptions qui doivent attester à la postérité les époques les plus mémorables de notre histoire; que le voyageur étonné apprécie en les contemplant nos progrès dans les arts, et notre juste enthousiasme pour les hommes et pour les événemens que la renommée doit éterniser. Le philosophe sensible y verrait avec plus d'intérêt ces respectables Invalides encore attachés par leurs services à une patrie qu'ils ne peuvent plus défendre, attestant eux-mêmes le tribut de bienfaisance qu'elle paie à ses héros, souvent confirmant par leurs mutilations, par leurs cicatrices la vérité des inscriptions dont elles semblent s'enorgueillir, et dont ils pourraient être les plus fidèles commentateurs.

Enfin, tous les Invalides qui sont recommandables par des infirmités ou des mutilations plus graves, devraient être destinés à ces places sédentaires qui exigent la seule présence d'un gardien ou d'un concierge, et qui ne demandent pour lui que les témoignages

gnages d'une probité reconnue et éprouvée.
Le service militaire étant un exercice con-
tinuel de surveillance, de discrétion, de probité, l'individu qui s'est distingué dans cette
carrière devient propre à toutes les places
qui dans l'ordre social exigent ces précieuses
qualités pour être dignement remplies. Les
portiers des hospices, des prisons, des maisons de détention, de sûreté et de force,
ceux des casernes, pourraient être pris parmi
ces individus, ainsi que les gardiens des différens magasins militaires; les concierges
des ateliers, des manufactures, enfin de
tous les établissemens nationaux. Toutes ces
places pourraient être considérées comme
des retraites honorables, dans lesquelles le
soldat se reposerait de ses fatigues militaires :
elles lui seraient accordées à titre de récom-
pense, et il leur serait affecté des appoin-
temens qui les dédommageraient de l'emploi
de leur temps.

Ces différentes places sont extrêmement
multipliées; plusieurs de ceux qui les rem-
plissent en sont dignes par leur surveillance
et par leur probité; il serait injuste, en les
dépossédant, de les réduire à la misère, et
de les traiter comme s'ils avaient manqué à
leur devoir. La justice réprouve une sem-

B

blable mesure. Que ces intéressans citoyen
restent à leur poste ; mais qu'à leur mort il
soient remplacés par des militaires invalides
Par ce moyen, l'État trouvera annuellemen
à récompenser plusieurs centaines de mili
taires précieux qui assureront le bon ordre
des établissemens auxquels ils seront affectés.

Le Gouvernement peut encore utiliser le
militaires invalides qui n'ont pas de profession mécanique, en les appliquant à l'agri
culture, au service militaire, ou même
l'industrie.

CHAPITRE IV.

Application des Invalides à l'agriculture

Parmi nos Invalides il en est plusieurs qui
dès leur bas âge, se sont entièrement con
sacrés aux travaux de l'agriculture : ils em
ploient le fer à fertiliser la terre avant de l
faire servir à la destruction des hommes. Ce
infortunés ont le même besoin d'occupation
utiles, et dans cette intention le Gouvernement ne pourrait-il pas les destiner au

œuvres agricoles qui sont à sa disposition. Dans les grandes cités, ces précieux Invalides ne pourraient-ils pas être consacrés à l'entretien des promenades publiques, ou à l'embellissement des jardins nationaux? Là, ils s'exerceraient à tous les travaux faciles et peu pénibles que leurs forces ou leurs infirmités leur permettraient. Ces travaux seraient plutôt pour eux des récréations agréables, qui tendraient à les distraire et à les utiliser. Il n'est peut-être pas d'occupation agricole à laquelle un sujet invalide ne puisse être employé. L'agriculture embrasse tant de travaux, elle les varie à un tel point, qu'il est toujours possible d'y employer le sujet le plus invalide. Je ne les détaillerai point ici : tout le monde sait que le sarclage, le grattage, l'arrosage offrent une foule de travaux faciles et peu pénibles. Sans doute, nos jardins, nos promenades, seraient encore plus intéressans, si parmi les statues qui les peuplent, et qui retracent souvent des souvenirs cruels qui percent à travers les siècles, nous y voyions au sein d'une paix tranquille, des Invalides venir chercher là, où l'oisiveté nous conduit souvent, le soutien de leur santé, et l'aliment de la petite aisance à laquelle ils ont tant de droits. Ces mains naguère exercées à manier des instrumens meurtriers, se purifieraient du sang qu'elles ont fait répandre, par l'usage du râteau et de la pelle. La vue de ces soldats mutilés et invalides, distribués ainsi par groupes dans nos promenades publiques, et cherchant à s'utiliser encore après s'être déjà dévoués, ferait sur nos ames des impressions durables, dont la sensibilité et l'humanité auraient à s'honorer.

Le nombre des Invalides agriculteurs n'a jamais été aussi considérable qu'aujourd'hui: tant de journaliers ont été obligés de quitter leur charrue pour prendre les armes! Mutilés ou invalides, leurs bras seraient dédaignés par ceux qui, ne consultant que leur intérêt personnel, calculent tout d'après ce qu'il exige. La diminution de leurs forces, la perte, la dégradation de quelques membres, leur rendent pénibles, difficiles, ou impossibles, les travaux qui les faisaient autrefois subsister. Condamnés à l'oisiveté, ils gémiront dans les maisons qui leur sont consacrées, de ne pouvoir plus s'exercer aux travaux qui leur furent si chers, et pour lesquels ils conservent toujours une prédilection chérie.

Le goût des travaux agricoles ne s'éteint

jamais dans le cœur de ceux qui s'y sont livrés une fois, il survit et se conserve au milieu de toutes les douceurs de l'aisance, et parmi les privations qu'imposent les infirmités. L'artisan rompt souvent tout-à-fait avec le manuel du métier qui l'a enrichi ; tandis que celui qui s'est livré une fois aux travaux de la campagne, celui qui a connu le plaisir de labourer son champ, conserve toute sa vie le goût agricole : toute sa vie, l'agriculture, le jardinage, feront son délassement et son occupation favorite ; les honneurs même ne peuvent éteindre ce goût : Cincinnatus, après avoir sauvé la république de Rome, après avoir joui des honneurs du triomphe, revint joyeusement à sa charrue cultiver l'héritage de ses pères.

Les habitans de la campagne ont des goûts plus constans, et l'amour des champs est un de ceux qui s'éteint le plus difficilement. Et quelle sera la condition d'un infortuné Invalide qui s'y est livré autrefois et avec tant de plaisir, si ces douces, ces pures jouissances, lui sont à jamais interdites ! Après s'être déjà consumé pendant des années, dans des hôpitaux pour y guérir les blessures ou les infirmités qui sont les suites de ses mutilations, à la fleur de son âge, il sera, en quelque manière, exilé dans une maison, où rien ne secondera ses goûts, où il languira dans l'oisiveté, et où il se desséchera d'ennui.

Tâchons d'utiliser le peu de forces qui restent à ces ames vigoureuses : rendons ces Invalides aux champs ; la pureté de l'air qu'on y respire, la douce satisfaction qui accompagne toujours la faculté de suivre ses goûts favoris, de se livrer à ses occupations chéries, en feront encore des hommes utiles.

Parmi les domaines nationaux consacrés aujourd'hui à des exploitations rurales, il s'en trouve qui offriraient toutes les ressources, toutes les facilités qui seconderaient l'exécution des vues que je vais présenter. Là, seraient réunis tous les sujets invalides propres à quelque occupation agricole : là, leurs travaux seraient dirigés par des hommes instruits qui auraient pour eux les ménagemens dus à leur foiblesse, et les égards qu'exige leur caractère. Là, ils pourraient se livrer aux œuvres agricoles pour lesquelles ils ont le plus de goût. Ce travail serait pour eux une récréation, un délassement de tous les jours. La pureté de l'air, la satisfaction d'être rendus à la nature, qu'on n'oublie jamais, leur ferait couler des jours heureux et tranquilles. Je suis persuadé que le séjour des champs sous un climat pur, que des occupations champêtres, faciles, dirigées avec douceur, avec complaisance, leur rendraient des forces, auxquelles ils croient n'avoir plus de droit. Ces travaux, en les occupant utilement, leur offriraient encore la ressource d'un bénéfice modique, qui contribuerait à leur rendre la vie encore plus agréable et plus douce.

Les travaux agricoles n'influent pas seulement sur la santé du corps, ils portent encore dans l'ame une tranquillité, un calme, qui disposent aux plus douces affections, et qui entretiennent dans cet état de paix, si favorable au bonheur. Ainsi, les travaux agricoles procurent un double avantage à ceux qui s'y livrent ; la santé du corps et le calme des passions.

Je ne parlerai point de la discipline et de l'ordre qui conviendraient à ces établissemens : ce n'est pas-là mon objet. Mais le caractère militaire devrait toujours y être révéré, reconnu, et certes ce serait lui rendre hommage que de l'associer aux vertus agricoles.

CHAPITRE V.

Application des Invalides au service militaire.

Le service militaire présente aussi des charmes qui séduisent, qui attachent ceux qui en font leur profession journalière, la profession de leur vie. L'habitude finit par nous faire chérir ce qui avait commencé par nous rebuter. Ce sentiment tient peut-être à notre paresse. Familiarisés à un genre de travail, nous préférons continuer celui que nous connaissons, que nous exécutons avec facilité, plutôt que d'en entreprendre un nouveau pour lequel il faudrait subir un pénible apprentissage. Ce sentiment est cause que nous aimons sur la fin de nos jours les travaux, les occupations qui ont rempli les momens de notre jeunesse. D'ailleurs, l'expérience donne en cela une prépondérance à laquelle se lient l'importance et la considération. Tel est le soldat invalide, après avoir blanchi au milieu des dangers des combats, et de toutes les rudes privations du service militaire, il

aime encore à revoir ces phalanges belli-
queuses, dont la contenance et les évolutions
lui rappellent les beaux jours de sa gloire.
Quoique affaibli par l'âge, il aime toujours à
exercer ses bras au maniement de ces armes
qui faisaient son ornement, la défense de
l'Etat, et la terreur de ses ennemis. Les
exercices, les évolutions, tout l'appareil militaire, lui rappellent ses dangers, ses combats, ses triomphes : et le sentiment d'honneur qui en est inséparable, alimente en lui
cette noble fierté qui constitue le caractère
de l'Invalide français. Quoique blanchi par
les années, quoique affaibli par les infirmités, quoique mutilé, il est toujours de feu
pour la gloire ; et de toutes ses peines, celle
qui l'afflige le plus, c'est l'obscurité dans laquelle il est obligé d'ensevelir son bouillant
courage.

Conservons aux soldats invalides des occupations militaires qui leur rappelleront leurs
exercices, leurs évolutions ; utilisons encore
au profit de l'Etat ces mains défaillantes, ces
hommes à qui le maniement d'une arme élec-
trise le cœur, et le fait encore palpiter pour la
gloire. Que les Invalides qui n'ont point de
profession particulière, en qui le goût des
armes se soutient avec force, dont les infir-

mités ou les mutilations ne sont pas des plus graves, puissent continuer de se livrer à des exercices militaires avec les égards dus à leur caractère. Qu'ils puissent être utilisés pour le service le plus doux et le moins pénible.

Le service militaire qui convient le mieux aux soldats invalides est celui qui exige le moins de fatigues et de peines; celui qui peut les protéger davantage contre les intempéries du temps et les rigueurs des saisons; celui sur-tout qui les éloigne de toute apparence de danger, tel que celui que nécessitent l'ordre et la sûreté publique. Nous comprendrons dans ce service, celui des places de l'intérieur en temps de paix, celui des fortifications qui n'ont pas à craindre l'invasion ennemie, où qui sont défendues par des citadelles ou même des villes fortifiées, le service des salles de spectacle, celui des promenades et des jardins publics; celui des portes des villes, des hospices, des prisons, enfin de tous les édifices et monumens publics.

Je sais que de tout temps, et même aujourd'hui, les Invalides ont été destinés à faire dans l'intérieur un service militaire; je sais qu'ils étaient les gardes de toutes les citadelles que nous avions, tant sur les frontières que sur nos côtes. Mais le nombre des Invalides auxquels le Gouvernement doit aujourd'hui des secours, exige que cette mesure soit encore plus généralisée, et qu'elle puisse être appliquée à un plus grand nombre d'individus; pour cela, il faudroit que le service que les soldats invalides peuvent faire fût encore plus étendu.

A moins que les années, les mutilations, les infirmités ne retiennent le soldat invalide dans un état constant et habituel de maladie, il pourra toujours faire un service militaire plus ou moins étendu. Il pourra continuer à donner des preuves de sa vigilance, de son exactitude et de son zèle. La satisfaction intérieure que lui inspire une conduite irréprochable qu'attestent le caractère dont il est revêtu, et la marque distinctive qui le décore, ne le fait pas déroger à ses principes; il conserve toujours dans sa conduite, dans toutes ses actions, cette sévérité, cette rigueur de service, fruits de la discipline militaire; en racontant la manière honorable et distinguée avec laquelle il s'est toujours comporté, il veut que ses actions présentes impriment à ses discours le sceau de la vérité.

CHAPITRE VI.

Application des Invalides à l'industrie.

Je vais m'occuper de la manière dont peuvent encore être utilisés les Invalides qui n'ont point appris de métier. Je ne perdrai jamais de vue que ces bras précieux doivent être employés avec tous les égards dûs à l'âge et aux infirmités. La vieillesse la plus décrépite, les mutilations les plus graves, ont seules droit au repos, et méritent seules d'être dispensées du travail.

Les Invalides que cette guerre a valus à l'Etat sont différens de ceux qui jusqu'à ce jour ont peuplé les maisons destinées à les recevoir. Avant la révolution, la classe des ouvriers invalides était peu nombreuse. Le métier des armes était une profession durable qui exigeait au moins un tribut de huit années. Au bout de ce terme, le jeune soldat ayant dépassé cet âge où l'on s'instruit ordinairement d'un métier, prenait souvent le parti de faire du service militaire la profession de toute sa vie ; de manière qu'il devenait vieux ou invalide, sans jamais avoir exercé son industrie qu'au seul métier des armes, ou à des ouvrages faciles qui n'exigeaient que la simple application de ses forces ou de sa patience. Au lieu que la plupart des nouveaux soldats français ont été pris dans la classe des ouvriers, des artisans, des artistes, des laboureurs et des cultivateurs. Ceux d'entre eux qui sont invalides et qui ont de la fortune, peuvent jouir dans leurs foyers des douceurs d'une tranquillité bien méritée, puisqu'ils l'ont achetée au prix de leur sang ; mais l'Invalide ouvrier, cultivateur, né sans fortune, qui n'avait pour toute ressource que le produit de son industrie, sera condamné à des privations bien grandes, si aux faveurs du Gouvernement il ne peut joindre l'honnête produit de son industrie. En le recevant dans des établissemens destinés à cet important usage, en l'y occupant utilement, il pourra tirer parti du peu de forces et de toute la volonté qui lui restent, et les faire servir à l'avantage de tous.

Il est très important pour l'intérêt du Gouvernement, pour la santé et la moralité de nos Invalides, qu'ils soient conservés ou rendus à la précieuse habitude du travail. Il en est encore plusieurs qui sont à la fleur de l'âge ; et quelle affreuse perspective pour eux, s'ils doivent passer la longue carrière qu'ils ont à parcourir dans les bras de l'oisiveté! Ils y contracteraient des vices qui déshonoreraient leur caractère et qui flétriraient leurs lauriers. Pourraient-ils être indifférens au plaisir d'être encore utiles à leur patrie, eux qui l'ont déjà si bien servie!

Il est plusieurs travaux qui exigent peu d'apprentissage, et qui demandent seulement l'habitude de la patience et l'application des mains. Ces travaux seront adoptés de préférence. Ainsi, dans ces maisons, il pourra être établi des ateliers où s'exécuteront ces travaux faciles et peu pénibles, qui procureront à-la-fois le sujet d'une occupation utile, et les moyens d'acquérir, par un travail continu, un bénéfice qui sera toujours employé à des dépenses nécessaires.

Il faut que le Gouvernement ne fasse pas des travaux auxquels pourront se livrer les soldats invalides, un sujet de spéculation : il gagnera toujours, même en perdant, si en les occupant, il peut les soustraire aux dangers inséparables de l'oisiveté, et leur assurer des moyens honnêtes de fournir à des besoins que l'habitude leur rend indispensables, et qu'il ne peut pas toujours satisfaire.

Je vais parler de quelques uns de ces ateliers qu'on pourra ouvrir à l'industrie, dans ces asyles destinés au repos et consacrés par la reconnaissance.

La préparation des laines, du lin, du coton, de la charpie, des crins, celle des tendons de bœufs pour l'usage des bourreliers ; le tricot des gros bas, des gros bonnets de laine ; la fabrication des gros ouvrages de vannerie ; celle des filets, des lacets, des cordes de violon, des moules de bouton en bois ou en os ; celle des pierres à fusil, des balles, des cartouches ; celle des fleurs artificielles, des éventails, des jarretières : la direction de quelque machine hydraulique ou de tout autre machine, soit pour faire du ciment, soit pour pulvériser toute autre substance, &c. peuvent faire partie de ces travaux.

Ces différens genres d'industrie varient ; ils sont calqués sur les différentes qualités de l'esprit, dont la trempe est si différente parmi les hommes. Les moins intelligens, comme les plus sagaces, pourront également se livrer au desir qu'ils ont de se rendre utiles, et faire de leurs travaux des applications qui leur soient avantageuses. L'amorce d'un profit légitimement dû et fidèlement payé, les liera très-étroitement au travail, et leur en fera facilement contracter l'habitude.

Je ne détaillerai pas les divers travaux sédentaires auxquels pourront se livrer les soldats invalides qui n'ont pas appris de métier. Ces occupations sont encore subordonnées à certaines circonstances de localité qui désigneront plus particulièrement le travail qui leur convient le mieux; soit parce que les matières premières destinées à être ouvrées y abonderont davantage; soit parce que le goût ou les besoins des habitans réclameront plus particulièrement le genre de travail auquel les ouvriers invalides pourront se livrer.

Je ne développe ici aucun des plans que je propose; je me contente seulement d'énoncer quelques vues nouvelles. Heureux si on peut les croire utiles et praticables.

Je vais maintenant parler des Invalides qui ont appris un métier.

Cette réunion d'Invalides industrieux peut encore devenir précieuse aux arts et intéressante à la société, si leurs travaux sont utilement dirigés et convenablement récompensés. Ce sera sur-tout par l'attrait d'un certain bénéfice que l'on rendra les hommes

laborieux

laborieux et actifs. Ce mobile est celui de la plupart des hommes. Le bénéfice acquis par le travail de nos mains, par le travail arrosé de nos sueurs, est celui pour lequel le cœur s'affectionne le plus. Lorsque les mains s'exercent à des travaux mécaniques dont elles ont l'habitude, l'artisan jouit par la pensée du profit qu'il doit en retirer. Son imagination compte, entasse, dépense ce que ses mains ont tant de peine à gagner. Cette douce illusion enflamme l'ambition, soutient la patience, et active l'industrie. On aime à jouir d'avance du repos auquel le travail le plus soutenu donne des droits si légitimes; on se transporte volontiers sur les ailes du temps, à cette vieillesse heureuse, où le cœur et l'esprit jouiront sans remords et sans crainte du fruit des plus précieuses économies. Ces rêveries soutiennent les espérances de l'artisan; elles font retentir nos ateliers de mille chansons qui expriment sa joie et son contentement. Souvent la vie entière de l'homme laborieux est entièrement consacrée à ces douces chimères; et l'habitude du travail est si profondément enracinée dans son cœur, elle est devenue si nécessaire à ses mains, qu'elle est pour lui un besoin indispensable; besoin qui lui fait oublier les égards qu'il doit à son âge, les ménagemens que sa santé exige, et les droits qu'il a au repos le mieux mérité.

La classe de ces Invalides artisans n'a jamais été aussi nombreuse qu'aujourd'hui. Les mêmes raisons qui ont fait abandonner à l'agriculteur son champ et sa charrue, ont aussi fait déserter à l'artisan sa boutique, à l'artiste son atelier ou son laboratoire, à l'ouvrier sa manufacture, et au manouvrier son chantier; tous se sont précipités avec une égale ardeur sur le champ de l'honneur; plusieurs, hélas! y ont trouvé une mort honorable, sur laquelle nous répandons des fleurs et des larmes : quelques autres y ont recueilli parmi les lauriers qu'ils ont moissonnés, des mutilations qui les rendent dignes de l'attention et de la sollicitude du Gouvernement pour lequel ils se sont sacrifiés.

Il serait à desirer que ces Invalides artisans fussent employés aux arts, aux métiers dont le manuel leur est devenu familier, et autant que leurs mutilations peuvent le leur permettre.

Je desirerais que ces Invalides ouvriers fussent divisés en deux grandes sections; dans l'une seraient compris tous ceux qui seraient employés à des métiers dont les ouvrages se feraient pour le compte du Gouvernement ; dans l'autre, ceux qui se livreraient à des travaux particuliers pour leur propre compte.

Les besoins du Gouvernement pourraient occuper un grand nombre d'ouvriers invalides. Le seul habillement et équipement des soldats nécessite une infinité de bras. Suivant les bienfaits de la localité, la laine qui aurait été préparée par une certaine classe d'ouvriers invalides, ne pourrait-elle pas être ouvrée par d'autres ouvriers qui connaîtraient la fabrication du drap ? Ce drap ne pourrait-il pas être coupé et cousu par d'autres ouvriers qui seraient tailleurs, et qui le consacreraient à l'habillement du soldat ou du matelot ? Ainsi, pour cette seule partie on pourrait faire une réunion de tous les Invalides qui ont des professions qui se rapportent, soit à la préparation des laines, soit à la fabrication, soit à la confection du drap.

D'après le même bienfait de localité, on pourrait faire une autre réunion d'ouvriers travaillant sur le cuir ; suivant leurs talens, ils se livreraient aux différentes parties qui concernent la chaussure. Ainsi, les cordonniers, les bottiers et tous les ouvriers qui emploient la peau tannée pourraient être destinés à faire des souliers, des bottes, des gibernes, des baudriers, des ceinturons, dont la consommation est si grande.

Quelle foule d'ouvriers l'équipement de la cavalerie n'exige-t-il pas? Le bourrelier, le sellier, l'éperonnier, le bridier, &c. &c. Et la fabrication des guêtres, des sacs, des chemises, des tentes, n'a-t-elle pas aussi besoin d'une infinité de bras?

Le Gouvernement ne pourrait-il pas encore employer pour son propre compte, les différens ouvriers qui ont des professions utiles à ses besoins, tels que les charpentiers, les menuisiers, les maçons, les serruriers, les armuriers, les forgerons, les imprimeurs, les barbouilleurs, &c. Tous trouveraient, en travaillant pour lui, un revenu proportionné aux services qu'ils peuvent encore rendre.

Je serais trop long si je voulais énumérer ici les différens travaux auxquels le Gouvernement peut employer pour son compte les différentes classes d'ouvriers invalides. Ses besoins réclament à-la-fois peut-être tous les genres d'industrie; d'après cela, on peut estimer de quelle utilité ces différens ouvriers peuvent être encore pour lui.

Pour faciliter ces ouvriers dans leurs travaux, il serait convenable de dresser dans les maisons d'Invalides des ateliers où il leur serait permis de travailler pour leur propre compte. Il serait aussi à desirer qu'il leur fût permis de travailler dans les ateliers, dans les boutiques des maîtres particuliers, ainsi qu'on le permettait autrefois aux soldats des régimens. Ces soldats ouvriers étaient toujours ceux qui se distinguaient le plus par la sagesse de leur conduite et par leur exactitude à remplir les devoirs de leur état. Il en serait de même pour les soldats invalides ; en travaillant pour le compte d'un maître particulier, ils seraient obligés de payer à leurs camarades le service qu'ils feraient pour eux ; ce qui contribuerait encore à améliorer le sort de ceux qui seraient particulièrement consacrés au service militaire. Par ce moyen, les différentes espèces d'ouvriers invalides seraient occupées ; par-là, cette portion de talent et d'industrie qui leur est répartie ne serait pas perdue pour la société : par-là, grace au bénéfice de leur travail, ils se procureraient les agrémens qui contribuent tant à rendre la vie agréable et douce, et ils se conserveraient dans un état de santé qui leur assurerait pour long-temps l'usage des membres qui auraient été épargnés.

Il sera libre aux Invalides dont les travaux pourront s'exécuter dans leurs chambres, que l'âge ou les infirmités retiendront dans ces retraites, de s'y livrer en paix à tous les petits ouvrages que comportera leur industrie, et qui seront susceptibles d'être fabriqués sans nuire à la tranquillité, à l'ordre intérieur; de ce nombre peuvent être les horlogers, les cartonniers, les tourneurs, les fabricans de fleurs, &c.

Ainsi, dans ces asyles tout annoncerait, tout respirerait l'industrie. Chaque Invalide, suivant son âge, ses forces, ses infirmités, ses mutilations, serait employé à des travaux utiles à tous. Ainsi le travail vivifierait ces lieux, qui jusqu'à ce jour semblent avoir été consacrés à l'oisiveté. Les Invalides que de longues infirmités ou les années condamneraient à un honorable repos, seraient agréablement distraits par le tableau mouvant qui s'offrirait sans cesse à leurs yeux, et ce spectacle contribuerait à remplir le vide de leurs journées.

CHAPITRE VII.

Des Invalides de la marine.

Sɪ le soldat invalide se plaît au maniement des armes; s'il aime à reposer sa vue sur les différentes évolutions militaires; s'il aime à s'adonner lui-même à ces mêmes exercices, auxquels il a consacré les forces de sa jeunesse; s'il aime à raconter les combats, le marin invalide n'oublie pas non plus les goûts qui dès son enfance ont enchaîné toutes ses volontés, il aime aussi à raconter les tempêtes. Le marin contracte ordinairement pour sa profession une affection particulière qui lui fait braver les dangers les plus imminens, les fatigues les plus rudes, et qui lui impose les privations les plus austères. Oui, il a pour son état périlleux un goût, une passion, qui le rendent étranger pour tout ce qui ne s'y rapporte pas. La vue de la mer, celle de ses tempêtes, de ses calmes, le spectacle des travaux de la marine, le tableau mouvant des ports, des rades, des arsenaux, toutes les scènes variées et pittoresques des paysages maritimes, les impressions de l'air qu'on y respire, l'habitude des alimens que la mer seule fournit, tous ces objets différens intéressent pendant toute sa vie son cœur et sa santé.

Les hommes les plus précieux à l'État, puisqu'ils défendent et font fleurir son commerce, méritent de sa reconnaissance les attentions les plus marquées et les égards de la sollicitude la plus éclairée. Que la vieillesse du matelot soit aussi honorée et accueillie ; que ses infirmités, que ses mutilations puissent aussi l'initier dans des maisons de bienfaisance, où la reconnaissance nationale lui aura désigné des secours qui le consoleront de la diminution de sa santé ou de ses membres : nous avons des maisons, des palais destinés à recevoir les militaires invalides, pourquoi n'aurions-nous pas aussi des asyles où le matelot vieillard et infirme serait traité avec la même attention et avec la même générosité ?

Le matelot a les plus grands droits à la bienfaisance d'une Nation qui regarde sa marine et son commerce comme les deux sources essentielles de sa prospérité et de ses richesses ; et qui y contribue plus efficacement que l'activité, la patience, le dévouement du matelot ? Il brave tous les dangers que lui offrent en foule les tempêtes et les climats. Il s'isole de la societé, il est privé de ses douceurs et de ses charmes. Étranger à l'univers, dont il est pourtant le vrai citoyen, ses affections semblent concentrées sur une frêle machine, le jouet des vents et des flots. Là, le danger rendant ses bras encore plus nécessaires, ne fait qu'augmenter ses travaux et ses peines. Au milieu des orages, l'activité du matelot, son exactitude, sa patience doivent sauver le navire, et le faire résister à toute l'impétuosité des flots irrités. Alors, semblable à ces oiseaux qui se plaisent parmi le désordre des tempêtes, il fait entendre des cris qui signalent sa promptitude à obéir aux ordres qui lui sont donnés; alors, il vole sur les mâts, sur les vergues, sur les cordages; il agit, il manœuvre, il sauve le navire de la fureur des flots et du courroux des vents.

Mais les rigueurs des élémens ne sont pas le plus grand danger que le matelot ait à redouter au milieu de la solitude des mers. La terrible explosion de la haine des hommes y est bien plus à craindre; là aussi, elle s'annonce par tout ce que la vengeance et ses fureurs offrent de plus cruel et de plus barbare. Au milieu de l'océan, loin des préjugés

et des haines qui infestent nos sociétés, là
où il devrait être si doux de se rencontrer
de s'embrasser, de se secourir ; là où l'iso-
lement et l'abandon semblent ne laisser aux
sentimens que l'expression de l'amour et de
la philanthropie, des hommes qui ne se sont
jamais vus, qui ne se verront peut-être jamais, viennent se surprendre, se dépouiller
s'enchaîner, se mutiler, s'assassiner. Si l'aspect des batailles livrées sur nos plaines es
si terrible, combien sont épouvantables les
scènes de destruction que le démon des com
bats suscite sur les mers ! La percussion des
boulets, les éclats des bordages, l'écrou-
lement des mâts, jonchent de cadavres les
ponts et les batteries ; ils sèment par-tout la
douleur, les mutilations et la mort. Quelquefois, également impatiens de se détruire
les deux navires s'accrochent, s'abordent,
et le pont se change en véritable champ de
bataille. Hélas ! quelquefois le feu se met à
ces masses combustibles, et par l'explosion
de la poudre, le navire lui-même est lancé
vers les cieux avec un fracas encore plus
effroyable que celui du tonnerre : quelquefois aussi ses flancs entr'ouverts, laissent un
libre passage aux flots qui l'engloutissent
dans leurs abîmes.

Parmi tous ces combats, au milieu de tant d'horreurs, combien de malheureux payent de leur santé, de leurs membres, la triste existence que la mort a épargnée ! Ils reviennent dans la société nous offrir le spectacle de leur corps mutilé ou de leur santé délabrée. Nous les plaignons en les voyant ; mais notre pitié serait-elle stérile ?

Bâtissons des maisons de bienfaisance pour ces infortunés ; appelons-y pour eux tous les secours que la reconnaissance pourra leur offrir ; rendons leur vieillesse heureuse ; affermissons leur santé chancelante ; consolons-les des mutilations qui les affligent, en les dédommageant par les soins de la sollicitude la plus généreuse et la plus tendre. Pour ces établissemens, dignes de consacrer la gloire et la bienfaisance d'une grande Nation, mettons à contribution ce que la nature offre de plus riant, de plus agréable, et ce que les arts présentent de plus solide et de plus commode.

Je voudrais qu'à portée de nos grands arsenaux de marine, il fût consacré un vaste bâtiment en face de la mer, entouré de jardins rians et de promenades ombragées. Là, exposés aux salutaires influences des vents, aux bénignes impressions du climat, et sous

le régime le plus salutaire, nos marins invalides se livreraient à leur gré aux occupations les plus tranquilles et les plus douces.
Des travaux faciles, des jeux peu fatigans,
y rempliraient le vide de la journée, ils y
charmeraient l'ennui. Il est plusieurs métiers aisés et peu pénibles auxquels pourraient se livrer certains Invalides marins un
peu intelligens; je n'en présenterai point la
nomenclature, ils varieront d'après la nature des localités, et d'après les dispositions
et les infirmités des individus. Je n'en citerai
qu'un dont on pourrait tirer parti. J'ai ob-
servé que les matelots, en général, savaient
coudre; les marins invalides qui s'y distin-
guent le plus ne pourraient-ils pas être employés à la fabrication, au rapiècement des
pavillons et des flammes, et à plusieurs
autres petits ouvrages de voilerie qu'on
abandonne à des femmes? Ces occupations
manuelles et tranquilles rempliraient aussi
agréablement qu'utilement plusieurs heures
de leurs journées.

Les marins invalides en qui il reste encore de la vigueur et des forces, quoique les
mutilations les plus considérables les mettent dans l'impossibilité de continuer le service maritime, peuvent être destinés à des

travaux un peu plus fatigans. Il est inutile que je parle ici de ces ouvriers à qui les infirmités ou les mutilations interdisent le service de mer ; de tout temps, la reconnaissance leur a accordé la préférence pour être placés dans les arsenaux. Ainsi, un calfat qui aura perdu une jambe dans un combat naval, sera placé préférablement à tout autre dans l'arsenal où il pourra continuer sa profession ; il en sera de même pour tous les marins invalides ouvriers, auxquels les mutilations et les infirmités interdisent la navigation.

Les marins invalides qui n'exercent point d'état particulier seront destinés à divers emplois qui n'exigent point d'apprentissage, mais seulement l'application de quelques forces. Ainsi, ils pourront former des escouades destinées à voguer dans des chaloupes, dans d'autres petits bâtimens nécessaires au service intérieur des ports et des arsenaux ; ils pourront traîner des petites voitures, porter différens objets dont le transport exige peu de forces : ils pourront encore être consacrés à la garde des bâtimens, à celle des vaisseaux, des magasins, etc. etc. Ce petit service les conservera dans une utile activité ; il leur facilitera des occupations salutaires et lucratives.

Je n'offre sur l'application des bras de ces marins invalides que des vues très-générales, susceptibles d'un développement encore plus étendu.

CHAPITRE VIII.

Des jeunes Invalides.

L'ENTHOUSIASME de la liberté a sur-tout fortement ému les jeunes ames; en soufflant par-tout l'humeur belliqueuse, il a aussi créé des héros parmi cette classe de citoyens auxquels l'âge le plus tendre semblait interdire les fatigues de la guerre et les risques des combats. La vivacité de l'âge, jointe à l'impétuosité du caractère, les avait précipités dans la carrière de la gloire; plusieurs victimes de leur bouillant courage, ont succombé dans le champ de l'honneur, et la mort a ainsi enlevé à la patrie sa plus chère espérance. Quelques autres, non moins à plaindre, ont remporté des combats, des infirmités, des mutilations, monumens de leur bravoure, mais, hélas! qui leur rendent impossibles plusieurs des occupations avec lesquelles leur industrie s'était déjà familiarisée, ou qui ne leur permettent pas de se livrer à celles qu'ils voudraient entreprendre. Quelques-uns ont passé à l'armée ce temps précieux, pendant lequel l'industrie s'instruit des procédés des différens arts et métiers, et parvient à s'y faire distinguer et à y trouver pour la vie des ressources avantageuses. D'autres ayant abandonné leurs paisibles occupations pour les bruyans exercices militaires, ont perdu l'habitude du travail manuel, l'usage des outils ou des instrumens qui devait le consacrer. Il ne leur reste de leur premier métier que des notions imparfaites incapables de les diriger utilement. Il leur faudrait recommencer un apprentissage souvent long, toujours coûteux, que leurs facultés leur interdisent. D'ailleurs leurs infirmités, leurs mutilations, exigent plus d'une fois des égards que les spéculations des maîtres d'apprentissage ne permettent pas toujours.

D'autres jeunes Invalides avaient des professions que leurs mutilations, que leurs infirmités, que la grande diminution de leurs forces leur rendent très-pénibles ou impossibles, et qui pourraient encore se livrer avec fruit à des travaux manuels plus analogues à leur constitution, et aux goûts que nécessite pour eux la nature de leurs infirmités et de leurs mutilations. J'ai vu plusieurs de ces jeunes Invalides soupirer ardemment après une profession, dans laquelle ils seraient encore susceptibles de s'instruire, et de faire des progrès. Ce qui les affectait le plus douloureusement, c'était moins leurs infirmités, leurs mutilations, la diminution de leurs forces, que l'impossibilité à laquelle ils se voyaient condamnés, de ne pouvoir se livrer à une profession utile, qui leur fournît le moyen de contribuer à la sustentation de leur famille, souvent malheureuse et indigente, et de se préparer cette douce aisance qui doit rendre la vieillesse heureuse. Il est pénible pour une ame honnête de se voir réduit, dès sa jeunesse, à passer une vie inutile, entièrement livrée à l'oisiveté, ou seulement marquée par les exercices toujours monotones d'une maison d'Invalides.

Ne serait-il pas digne de la sollicitude et de la générosité d'un Gouvernement éclairé et humain, de faciliter à ces jeunes Invalides des moyens d'existence qui seraient le fruit de leur industrie? Il parviendrait facilement à ce but, en secondant le désir qu'ils ont

ont

ont de s'instruire dans une profession utile et lucrative. Dans cette intention, que ces jeunes Invalides soient admis aux apprentissages des métiers que leurs mutilations, que leurs infirmités leur rendent possibles. Qu'ils s'y instruisent aux frais d'un Gouvernement qui a déjà essayé de leurs forces, et qui sait, par expérience, jusqu'où peut s'étendre l'élan de leur zèle et de leur bonne volonté. Qu'après avoir défendu l'État, ils en soient aussi protégés à leur tour, pour pouvoir lui offrir un jour un nouveau tribut de services qui doivent encore tourner à l'avantage de la société.

Ces métiers peuvent être choisis parmi les moins fatigans et les plus faciles, parce qu'à une certaine époque de l'adolescence, l'esprit ne jouit plus avec autant de précision de cette vivacité qui seconde si bien l'intelligence et la pensée ; il a perdu de cette ardeur qui fait dévorer toutes les épines des premières leçons. Le corps a aussi perdu de cette souplesse, de cette activité nécessaires pour se plier au joug d'un nouveau travail et de nouvelles habitudes ; alors il faut des occupations proportionnées à la nature des forces et à la trempe de l'esprit.

D

Les métiers qui conviennent à ces jeunes Invalides, sont principalement ceux qui s'exercent à la faveur d'outils ou d'instrumens légers, et qui exigent que l'artisan soit sédentaire. Parmi ces métiers sont ceux de tailleur, de perruquier, de bonnetier, de passementier, de cordonnier, d'imprimeur, de cartonnier, &c. &c. Indépendamment de tous les métiers que le jeune Invalide apprendrait facilement chez des maîtres particuliers, ne pourrait-on pas le destiner à s'instruire dans un de nos arsenaux, et de la profession qui sera la plus analogue à ses goûts et à ses forces? Si l'on seconde ses intentions, après avoir été un excellent soldat, il pourra encore devenir un bon cordier, un voilier instruit, un armurier précieux, &c. Combien, par cette mesure, de jeunes Invalides seraient utilisés au profit de l'Etat! Devenus bons ouvriers, ils auraient un double titre à la recommandation d'un Gouvernement, à la gloire duquel ils ont travaillé sans relâche. Ils contracteraient bientôt pour leur profession le goût inséparable de tout ce qui contribue à rendre la vie agréable et douce.

Ainsi ces jeunes Invalides pourront, d'après leurs forces, leurs mutilations et leur inclination particulière, s'instruire des différens métiers qui se pratiquent dans les arsenaux ; ils pourront aussi, suivant leurs talens, être initiés aux œuvres mécaniques de nos manufactures nationales. En cela, on se rappellera qu'il ne faut jamais contraindre le goût dans le choix des occupations qui doivent souvent être l'instrument de notre bonheur ou de nos peines, et qui doivent remplir la plus grande partie des momens de la vie. Il est à desirer que le choix du jeune Invalide se dirige toujours vers le métier le plus facile, le moins pénible, à moins qu'une vocation particulière ne décélât dans le sujet un goût et des dispositions extraordinaires pour un art ou un métier qui paraîtrait plus difficile. Dans ce cas, il ne faudrait pas contrarier une inclination aussi prononcée. En rebutant le premier élan du génie, on doit craindre de l'abattre, de manière qu'il ne puisse plus se relever.

Telles sont quelques-unes des vues que j'ai à proposer sur l'amélioration du sort des jeunes Invalides. J'ai sur-tout en vue de les arracher à l'oisiveté, de seconder leur industrie, et de leur faciliter les moyens honnêtes d'une existence douce, aisée, qui leur promettra une vieillesse heureuse.

CHAPITRE IX.

Des Invalides aveugles.

Pour tous les ouvrages dont je viens de parler, le double secours des mains et des yeux est indispensable. Mais les infortunés qui ont perdu ces organes précieux ne pourraient-ils pas aussi être employés à des travaux qui préviendraient pour eux les dangers de l'oisiveté, qui les occupéraient, qui les distrairaient agréablement, et qui contribueraient à leur faire gagner un bénéfice relatif à la nature de leurs occupations et à l'emploi de leur temps ? C'est ce que je vais examiner.

Je ne desirerais pas que, comme du temps des croisades, on consacrât spécialement une maison pour les aveugles invalides. Le rassemblement de vieillards aveugles, naturellement mélancoliques, ne peut que présenter une société sombre, inspirant l'ennui le plus accablant et la tristesse la plus noire. Les événemens qui se passent dans une société d'aveugles, sont tous d'une monotonie, d'une uniformité qui laissent l'âme toute entière dans l'abattement, l'esprit dans la tristesse, et le cœur en proie à la mélancolie. Il faut offrir à leur imagination des sujets de distraction qui les arrachent à eux-mêmes, et qui les lient aux autres, soit par les services qu'ils peuvent leur rendre, soit par les bienfaits et les consolations qu'ils ont droit d'en espérer. Pour cela, il faut confondre les aveugles dans la société des clairvoyans; il faut leur assigner des occupations qui les associent à leurs travaux, à leur destinée, qui leur prouvent qu'ils ne sont pas inutiles sur cette terre, et qu'il s'y trouve des hommes qui savent encore apprécier et récompenser les services qu'ils peuvent rendre à la société.

Les aveugles sont propres à divers travaux, qui prouvent combien ils sont susceptibles d'être utilisés. On les emploiera avec succès à tous les ouvrages qui exigent la simple application de la main, et l'application toujours répétée des mêmes mouvemens. Ainsi ils pourront être consacrés à tourner la manivelle d'une roue; l'usage de cette machine est nécessaire dans une infinité de métiers; ainsi les roues des meules des couteliers et des taillandiers, celles des cordiers et des moulins à bras, pourront être mues par les mains des aveugles; dans les boulangeries, on pourra leur confier les manivelles des bluteries; dans les ateliers des forgerons, les cordes qui agitent les panneaux des grands soufflets, celles qui font agir les pompes foulantes et aspirantes. Nos arsenaux, nos manufactures, offrent plusieurs travaux pour lesquels les mains des aveugles peuvent être utilement employées, et le Gouvernement les y attachera par un revenu proportionné à la nature de leurs services. Pour tout ce que je viens de dire, les Invalides aveugles sont attachés à des manufactures, à des ateliers, où ils se livrent concurremment avec des clairvoyans, à des occupations nécessitées par la nature des ouvrages qui s'y préparent. Je vais examiner si dans les maisons où ils sont reçus, ils ne peuvent pas s'adonner à des travaux qui leur soient propres.

Ces travaux sont tous ceux que la patience, l'habitude, la dextérité, leur rendent familiers et faciles. Ils sont tous relatifs à certaines dispositions particulières du sujet, qui peut, à l'aide de son propre talent, s'élever souvent à des connaissances qui décèlent la clairvoyance de son esprit, lorsque ses yeux sont enveloppés de ténèbres. Je n'exposerai point ici tous les ouvrages dont l'industrie des aveugles peut venir à bout;

ils varient dans chaque individu d'après ses goûts, ses dispositions, et sur-tout d'après la nature des exercices et des travaux auxquels il s'est livré lorsqu'il jouissait de la lumière. On a vu des aveugles tricoter, filer, coudre ; on en a vu tourner, même construire des instrumens de musique et autres ouvrages, qui, par leur perfection, auraient fait honneur à un artiste clairvoyant. Il serait très-louable aux yeux de l'humanité, de seconder les aveugles dans le goût qu'ils ont pour l'industrie manuelle. On leur fournirait par-là une occasion précieuse de charmer l'ennui auquel ils semblent condamnés ; on les rendrait utiles, et on les mettrait à portée de gagner de quoi fournir aux petites dépenses que nécessitent pour eux certaines habitudes, qui font aussi partie de leurs plaisirs.

De tout temps, les aveugles ont été fort ingénieux à charmer l'ennui où semble les jeter la privation de la lumière, et celle de la vue du spectacle de la nature. De tous les talens, ceux qu'ils sont les plus susceptibles d'acquérir, sont ceux qui résultent de l'étude et de l'exercice de la musique instrumentale. Ils semblent avoir spécialement adopté le violon. Cet instrument les met à portée d'exercer avec succès toute l'adresse des doigts, toute l'agilité du poignet, et de déployer avantageusement toute la précision de l'ouïe dont la justesse et la perspicacité semblent s'accroître à proportion de la faiblesse ou de la nullité de la vue. Aussi cet instrument est-il familier à la plupart des aveugles; il est pour plusieurs Bélisaires, obligés de mendier leur pain, un instrument consolateur qui charme leur ennui, et dont les sons enchanteurs semblent disposer pour eux les cœurs à la bienfaisance. Il est entre les mains de Fridzeri un instrument de célébrité et de gloire, qui place cet artiste parmi les plus fameux virtuoses.

CHAPITRE X.

Des Invalides manchots.

Ces Invalides devront particulièrement être affectés aux places qui exigent une surveillance active, à ces places qui exigent du zèle et de l'assiduité. Ainsi, ils devront être préférés pour tous les emplois qui ne réclament aucun travail manuel, tels que la garde des portes des villes, des arsenaux, des bâtimens, et des différens édifices et monumens publics; enfin, ils seront spécialement désignés pour toutes les fonctions qui exigent seulement l'attention et la vigilance. Tous ces services seront plus particulièrement affectés à ceux qui conservent encore l'usage d'une main ; cette main est indispensable dans une infinité de circonstances, comme, par exemple, lorsqu'il faut ouvrir ou fermer une porte, &c.

Quant au manuel de l'industrie, l'Invalide manchot ne pourra se livrer qu'aux travaux qui réclament l'application d'une seule main. Ce seront tous ceux qui résultent du simple et facile déplacement d'un objet quelconque, de la simple pression d'un ressort ou de la puissance d'un levier, pourvu toutefois que la résistance ne fatigue pas trop cette puissance. Tous ces moyens sont très-variés et très-étendus ; ils mettent en mouvement les petits rouages qui font aller souvent des machines très-compliquées. Par tout ce que je viens de dire, on voit que les travaux qui conviennent au manchot sont à-peu-près les mêmes que ceux affectés à l'aveugle. Cependant, il est plusieurs autres travaux pour lesquels le manchot pourrait être utilement employé, tels que l'écriture ; sous ce point de vue il peut, lorsqu'il réunit les talens nécessaires, être utilement placé dans les bureaux.

On a encore vu des manchots exécuter

des ouvrages de menuiserie , qui semblent exiger le concours des deux mains ; car que ne peut pas le desir de l'industrie ? que ne peuvent pas l'habitude de la patience et le pouvoir de la dextérité ?

Le malheureux qui a perdu ses deux bras se trouve subitement privé des ressources de l'industrie ; dépendant de tout ce qui l'entoure , les communications les plus importantes lui sont interdites ; il ne peut protéger ni défendre ; sa volonté seule se précipite vers les corps qui l'entourent, ou il faut qu'ils viennent à lui , ne pouvant les attirer par lui-même.

Dans les sujets qui naissent ainsi mutilés , la nécessité développe dans les extrémités inférieures une adresse qu'on était loin de leur soupçonner ; on a vu des individus ainsi conformés exécuter avec leurs pieds la plupart de nos opérations manuelles. Cette précieuse faculté ne pourra se développer dans le sujet adulte ; ses articulations ont perdu cette souplesse, cette flexibilité qui les rendent propres aux mouvemens les plus difficiles. Cependant à quel genre de travail ces mutilés pourront-ils être employés ? que peut l'industrie pour eux ? que peuvent-ils pour l'industrie ? Ces infortunés ne pourront agir que par leur propre pesanteur, ou bien par

la seule action de leurs extrémités inférieures. D'après cela , ils seront principalement
destinés à imprimer avec les pieds des mouvemens uniformes à des machines consacrées
à produire des effets suivis et constans. Ainsi
ils pourront être appliqués à mettre en mouvement des machines à rouage destinées à
soulever des fardeaux, à faire jouer des
pompes, à briser des corps durs, à agiter
les panneaux des forges, &c. Toutes ces
machines sont très-fréquentes dans nos arsenaux, dans nos atéliers et dans nos manufactures. Le génie de l'humanité, celui
des arts, s'empresseront d'y consacrer ces
infortunés, qui pourront encore par-là rendre à leur pays tous les services que leurs
mutilations leur rendent possibles , et qu'on
a droit d'exiger d'eux.

CONCLUSION.

Telles sont les vues générales que j'avais
à proposer sur les moyens d'utiliser les défenseurs de la patrie invalides. Heureux par
le bienfait du travail et de l'industrie, ils se
conserveront à la hauteur des destinées où
la gloire et la reconnaissance les ont placés.
Le Gouvernement qui a déjà laissé tomber
sur eux des regards paternels qui décèlent
sa bienfaisante sollicitude, ne perdra pas de

vue, en s'occupant de l'amélioration de leur
sort, les intérêts de sa gloire et les devoirs
de sa reconnaissance. Il acquittera envers
eux, et pour tous, la dette d'un chacun;
dette sacrée, puisqu'elle a été contractée au
nom de l'honneur national.

Je finis en appelant sur les défenseurs de
la patrie invalides l'attention des mécani-
ciens. Ils ont par les prodiges de leur art déjà
étonné l'Europe; ils ont su animer des pou-
pées, faire marcher des mannequins; ils
leur ont appris à jouer du tambourin, de la
flûte, etc. Tant de merveilles pronostiquent
celles qu'on a droit d'attendre de leur génie,
si l'application des militaires invalides à l'industrie peut devenir le sujet de leurs médi-
tations. Car s'ils ont créé des machines
capables d'exécuter des mouvemens aussi
réguliers et aussi agréablement extraordinaires, quel parti ne pourront-ils pas tirer
des hommes, qui, quoique dégradés par des
mutilations, conservent néanmoins des restes précieux des membres dont l'industrie a
déjà su s'approprier l'usage, et dont elle
tirera encore parti, si elle est convenablement dirigée?

F I N.

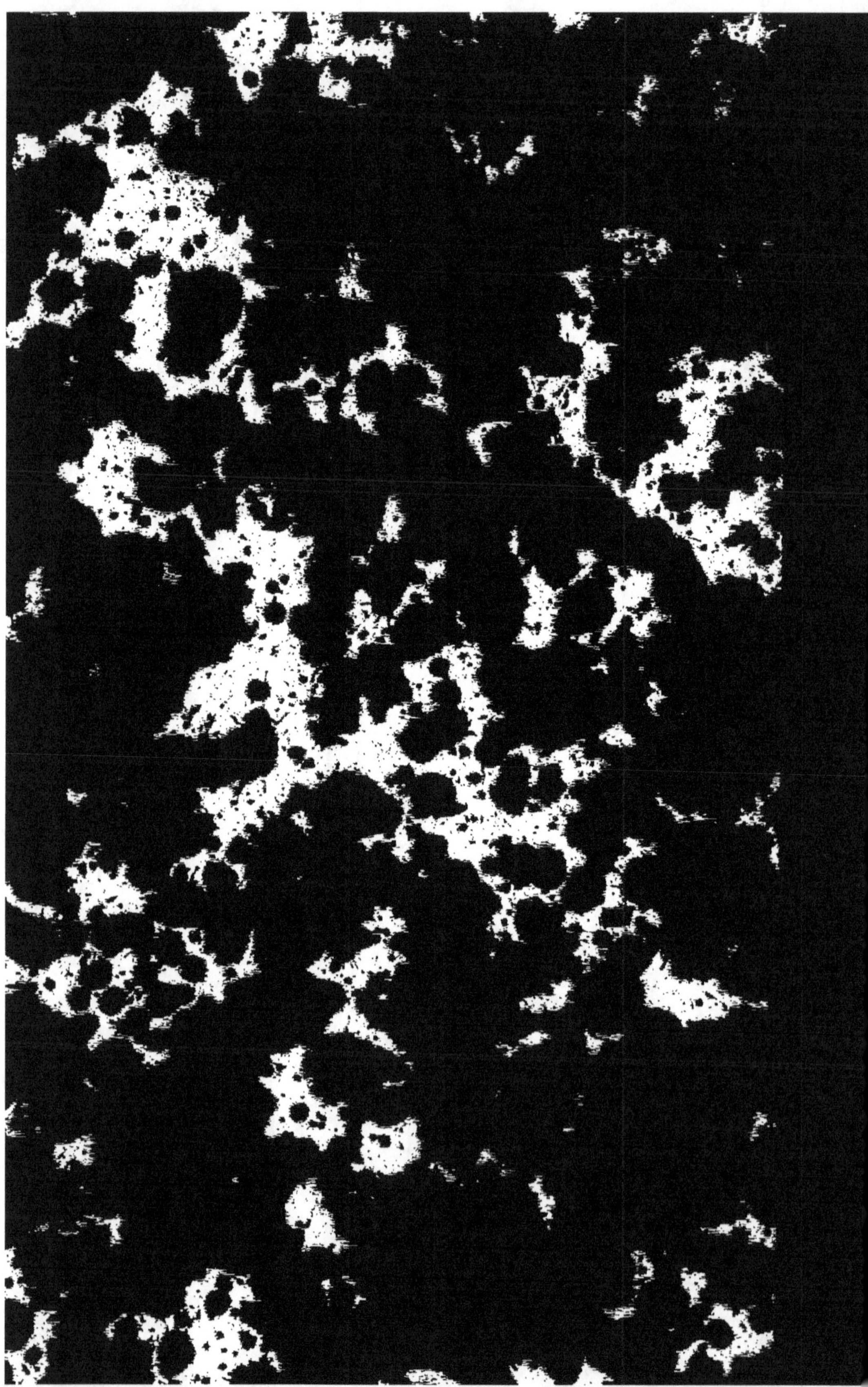